Τα πολλά μου χρώματα
Μια ιστορία του να είσαι μη δυαδικός

Greek

Marcy Schaaf

When a child expresses a preference to be referred to using "they/them" pronouns, it typically means that they identify as non-binary or genderqueer. Non-binary is a term used to describe individuals whose gender identity doesn't exclusively align with the traditional categories of male or female. Instead, they may experience their gender identity as being somewhere along a spectrum beyond these binary options.

Choosing to use "they/them" pronouns acknowledges and respects the child's gender identity and their right to define themselves in a way that feels authentic to them. It's important to honor their preferred pronouns and provide support and understanding as they navigate their gender identity. This may involve educating others around them, such as family members, friends, and teachers, about the importance of using the correct pronouns and respecting the child's identity.

It's essential to create an environment where the child feels safe and accepted for who they are, regardless of their gender identity. This may involve advocating for inclusive policies and practices in schools, healthcare settings, and other institutions to ensure that non-binary individuals are respected and supported.

Όταν ένα παιδί εκφράζει μια προτίμηση να αναφέρεται χρησιμοποιώντας αντωνυμίες "they/them", αυτό συνήθως σημαίνει ότι αναγνωρίζεται ως μη δυαδικό ή genderqueer. Το μη δυαδικό είναι ένας όρος που χρησιμοποιείται για να περιγράψει άτομα των οποίων η ταυτότητα φύλου δεν ευθυγραμμίζεται αποκλειστικά με τις παραδοσιακές κατηγορίες ανδρών ή γυναικών. Αντίθετα, μπορεί να βιώσουν την ταυτότητα φύλου τους ως κάπου σε ένα φάσμα πέρα από αυτές τις δυαδικές επιλογές.

Η επιλογή της χρήσης των αντωνυμιών «αυτοί/αυτοί» αναγνωρίζει και σέβεται την ταυτότητα φύλου του παιδιού και το δικαίωμά του να ορίζει τον εαυτό του με τρόπο που να αισθάνεται αυθεντικό γι' αυτό. Είναι σημαντικό να τιμάτε τις προτιμώμενες αντωνυμίες τους και να τους παρέχετε υποστήριξη και κατανόηση καθώς πλοηγούνται στην ταυτότητα φύλου τους. Αυτό μπορεί να περιλαμβάνει την εκπαίδευση των άλλων γύρω τους, όπως τα μέλη της οικογένειας, τους φίλους και τους δασκάλους, σχετικά με τη σημασία της χρήσης των σωστών αντωνυμιών και του σεβασμού της ταυτότητας του παιδιού.

Είναι σημαντικό να δημιουργηθεί ένα περιβάλλον όπου το παιδί να αισθάνεται ασφαλές και αποδεκτό για αυτό που είναι, ανεξάρτητα από την ταυτότητα φύλου του. Αυτό μπορεί να περιλαμβάνει την υποστήριξη πολιτικών και πρακτικών χωρίς αποκλεισμούς σε σχολεία, περιβάλλοντα υγειονομικής περίθαλψης και άλλα ιδρύματα για να διασφαλιστεί ότι τα μη δυαδικά άτομα γίνονται σεβαστά και υποστηρίζονται.

Copywrite @2024 Marcy Schaaf

My Many Colors: A Story of Being Non-Binary

In a small town nestled between rolling hills and whispering forests, there lived a child named Alex.

Σε μια μικρή πόλη φωλιασμένη ανάμεσα σε κυματιστούς λόφους και δάση που ψιθυρίζουν, ζούσε ένα παιδί που λεγόταν Άλεξ.

But something else made Alex different too. Some days, they felt as delicate as a butterfly, and on those days, they liked to wear dresses.

Αλλά κάτι άλλο έκανε και τον Άλεξ διαφορετικό. Κάποιες μέρες ένιωθαν ντελικάτες σαν πεταλούδα και εκείνες τις μέρες τους άρεσε να φορούν φορέματα.

Other days, Alex felt strong and bold, like a mighty lion. On those days, they chose pants and shirts that made them feel powerful and free.

Άλλες μέρες, ο Άλεξ ένιωθε δυνατός και τολμηρός, σαν ένα δυνατό λιοντάρι. Εκείνες τις μέρες, επέλεγαν παντελόνια και πουκάμισα που τους έκαναν να νιώθουν δυνατοί και ελεύθεροι.

But most days, Alex was somewhere in between. They didn't feel entirely like a boy or completely like a girl. They just felt like themselves, a beautiful blend of everything in between.

Αλλά τις περισσότερες μέρες, ο Άλεξ ήταν κάπου στη μέση. Δεν ένιωθαν εντελώς αγόρι ή εντελώς κορίτσι. Απλώς ένιωθαν σαν τον εαυτό τους, ένα όμορφο μείγμα όλων των ενδιάμεσων.

Some people understood Alex's unique way of being, and they celebrated it with open arms and warm smiles.

Μερικοί άνθρωποι κατάλαβαν τον μοναδικό τρόπο ύπαρξης του Άλεξ και το γιόρτασαν με ανοιχτές αγκάλες και ζεστά χαμόγελα.

But others didn't understand. They would stare or whisper, unsure of what to make of someone who didn't fit neatly into their idea of boy or girl.

Οι άλλοι όμως δεν κατάλαβαν. Κοιτούσαν επίμονα ή ψιθύριζαν, χωρίς να ξέρουν τι να κάνουν με κάποιον που δεν ταίριαζε καλά στην ιδέα τους για αγόρι ή κορίτσι.

One day, Alex's grandmother came to visit. She looked puzzled when she saw Alex wearing pants instead of a dress.

Μια μέρα ήρθε για επίσκεψη η γιαγιά του Άλεξ. Έδειξε σαστισμένη όταν είδε τον Άλεξ να φοράει παντελόνι αντί για φόρεμα.

"Why aren't you wearing a pretty dress, my dear?" she asked, her voice full of confusion.

«Γιατί δεν φοράς ένα όμορφο φόρεμα, καλή μου;» ρώτησε με τη φωνή της γεμάτη σύγχυση.

Alex took a deep breath, feeling nervous but determined to explain. "Sometimes, I feel more like a boy, Grandma. And today is one of those days."

Ο Άλεξ πήρε μια βαθιά ανάσα, νιώθοντας νευρικός αλλά αποφασισμένος να εξηγήσει. "Μερικές φορές, νιώθω περισσότερο αγόρι, γιαγιά. Και σήμερα είναι μια από αυτές τις μέρες."

Grandma listened carefully, her eyes softening with understanding. "Oh, I see," she said gently.
"Well, you always look lovely, no matter what you wear."

Η γιαγιά άκουγε προσεκτικά, με τα μάτια της να μαλακώνουν από την κατανόηση. «Ω, κατάλαβα», είπε απαλά.
«Λοιπόν, δείχνεις πάντα υπέροχος, ό,τι κι αν φοράς».

As Alex grew older, they learned how to have difficult conversations with teachers, friends, and family members about their gender identity.

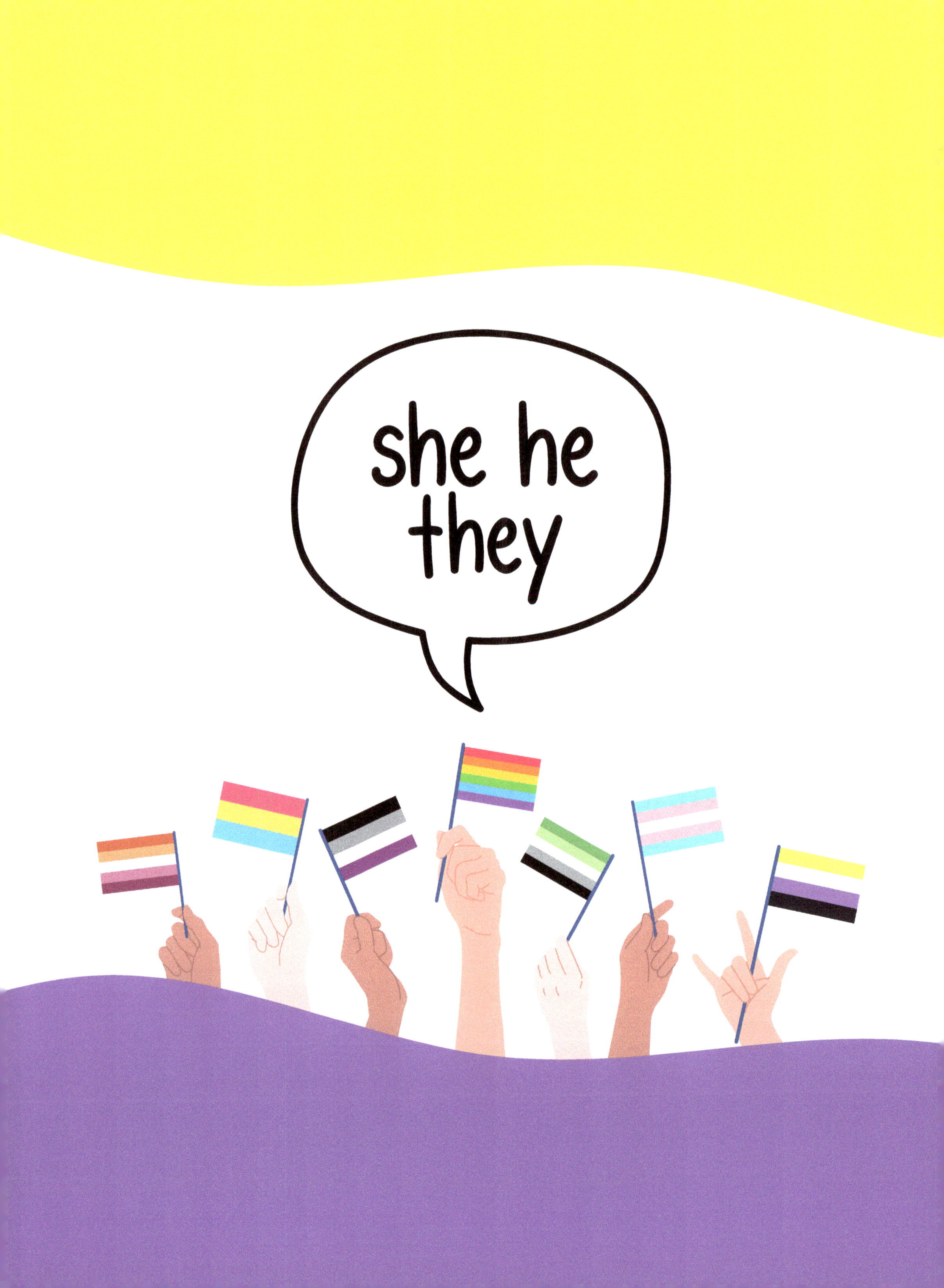
she he
they

Καθώς ο Άλεξ μεγάλωνε, έμαθαν πώς να κάνουν δύσκολες συζητήσεις με δασκάλους, φίλους και μέλη της οικογένειάς τους σχετικά με την ταυτότητα φύλου τους.

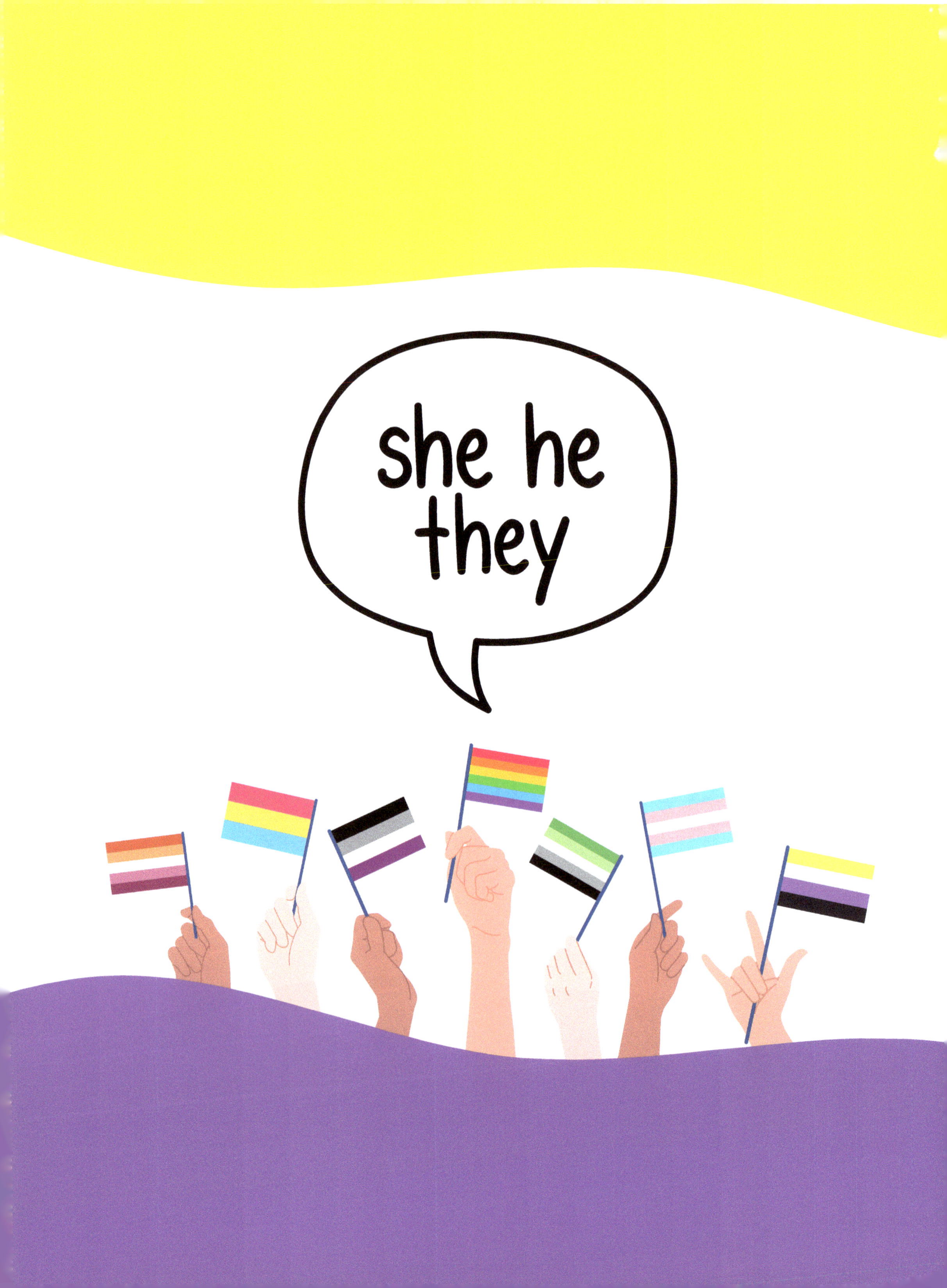
she he they

They discovered that some people would have questions or need time to understand, and that was okay. Patience and kindness were their greatest allies.

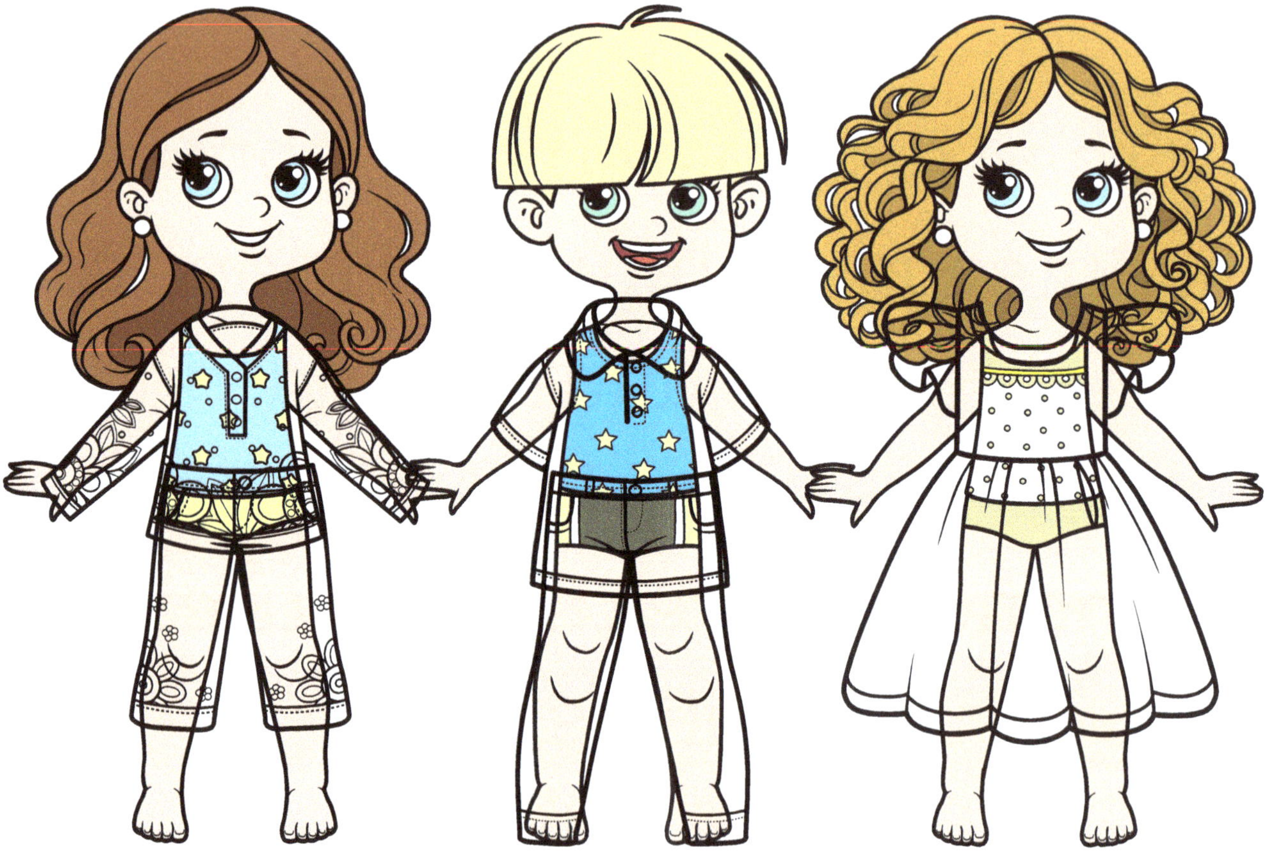

Ανακάλυψαν ότι μερικοί άνθρωποι θα είχαν ερωτήσεις ή θα χρειάζονταν χρόνο για να καταλάβουν, και αυτό ήταν εντάξει. Η υπομονή και η καλοσύνη ήταν οι μεγαλύτεροι σύμμαχοί τους.

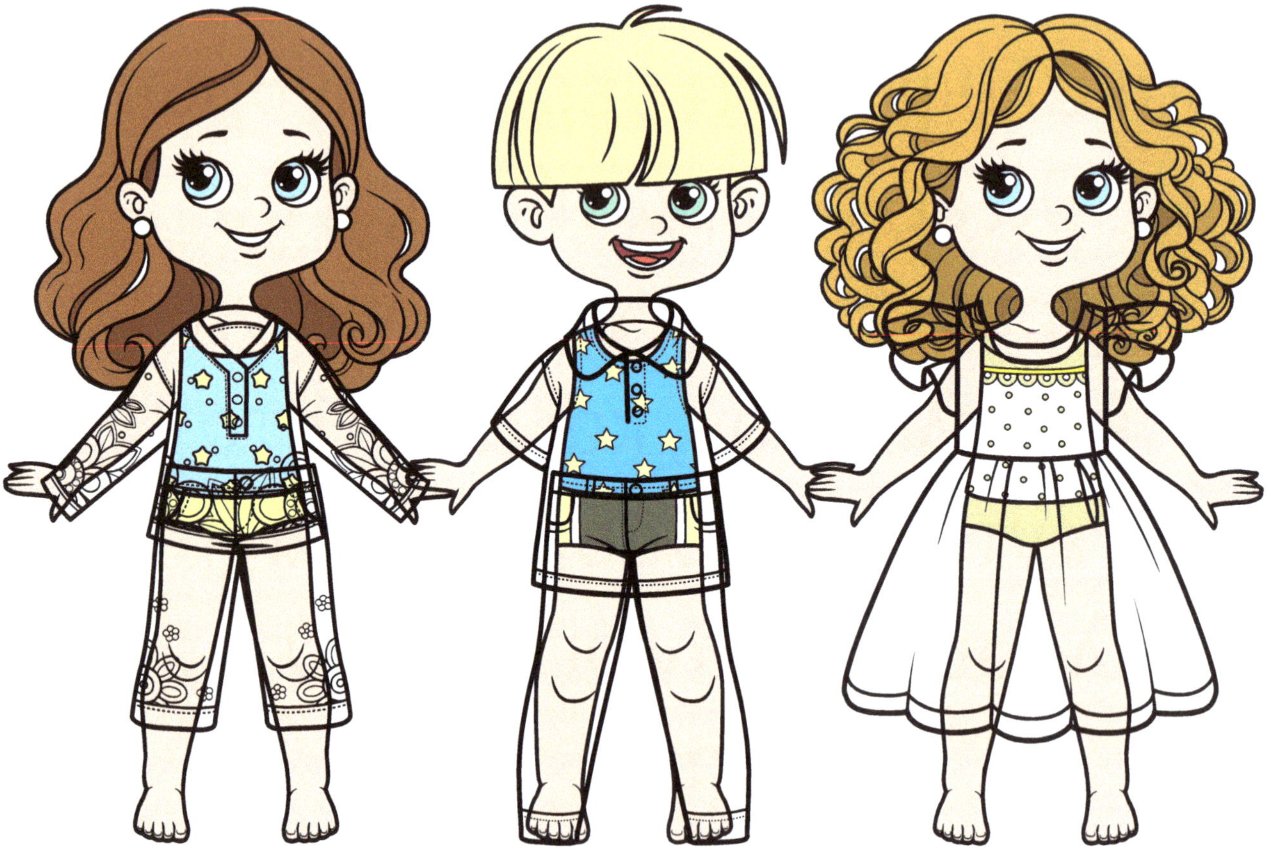

And as Alex looked around at the world, they realized that not everyone would understand, and that was okay too. What mattered most was being true to themselves.

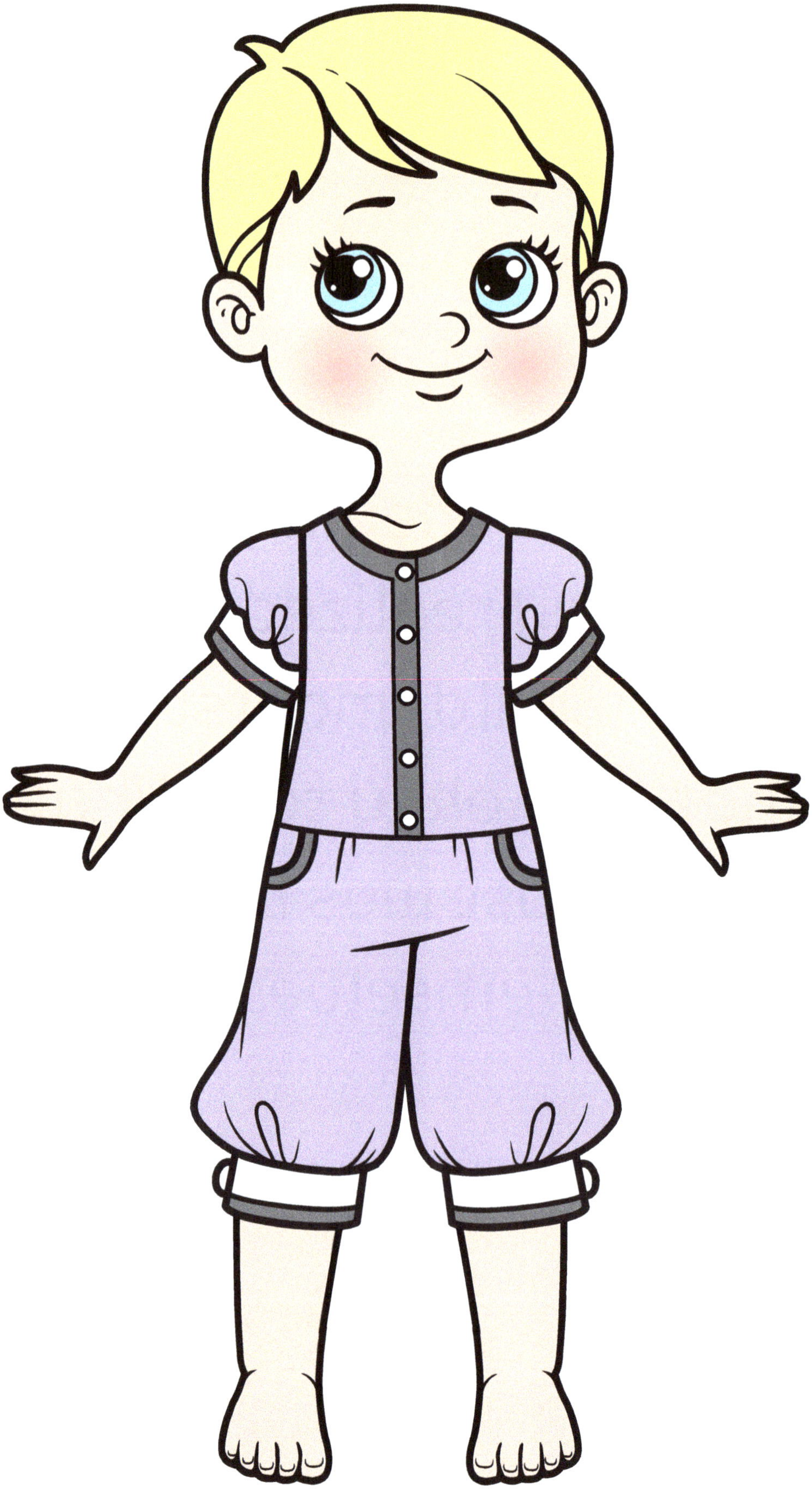

Και καθώς ο Άλεξ κοίταζε γύρω του τον κόσμο, συνειδητοποίησαν ότι δεν θα καταλάβαιναν όλοι, και αυτό ήταν επίσης εντάξει. Αυτό που είχε μεγαλύτερη σημασία ήταν να είναι πιστοί στον εαυτό τους.

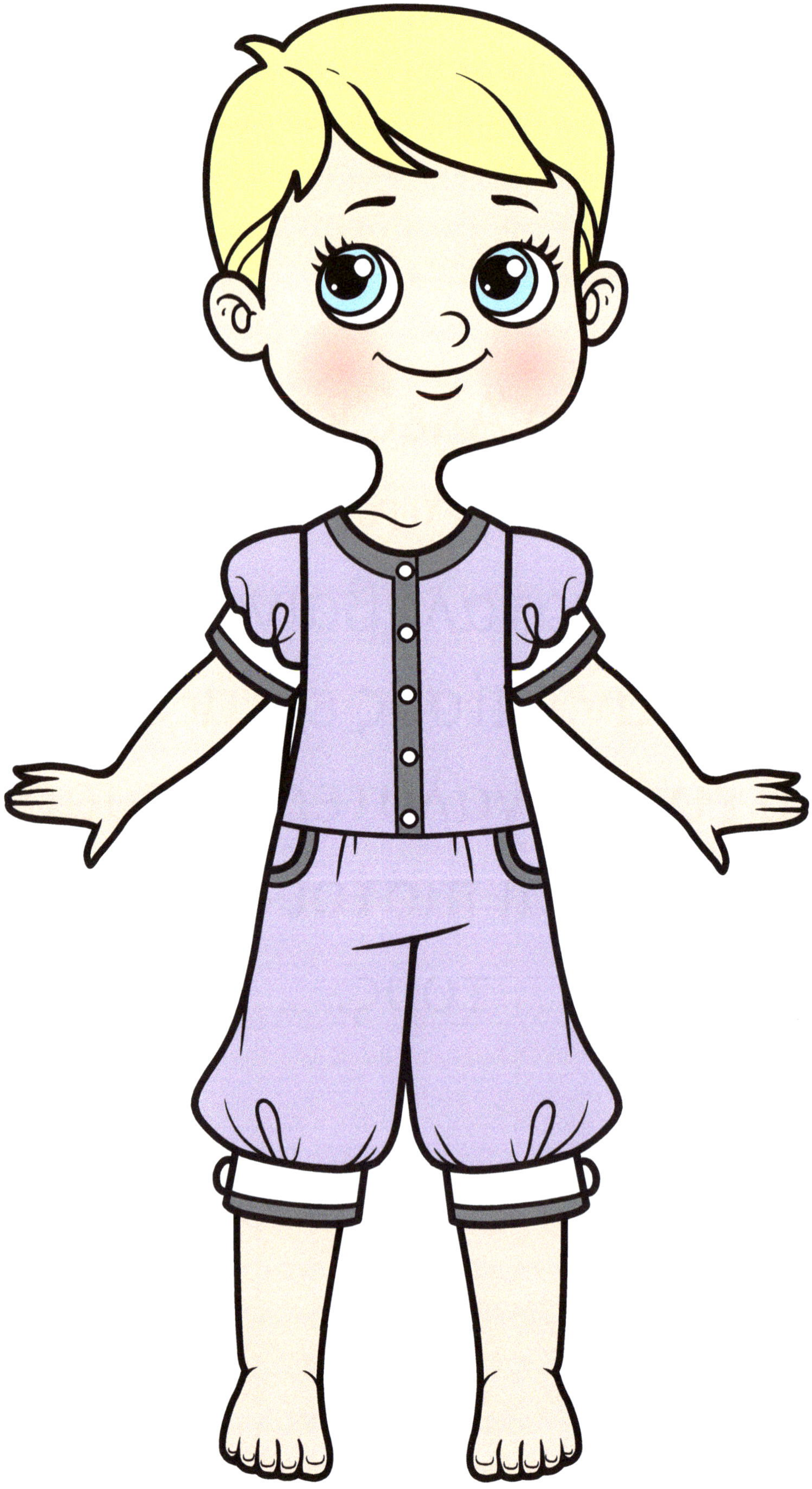

One day, as the sun dipped low in the sky and painted the world with shades of pink and gold, Alex had a realization.

Μια μέρα, καθώς ο ήλιος έπεφτε χαμηλά στον ουρανό και ζωγράφιζε τον κόσμο με αποχρώσεις του ροζ και του χρυσού, ο Άλεξ είχε μια συνειδητοποίηση.

"I may be neither strictly a boy nor only a girl," they thought to themselves, "but I am me. And that is enough."

«Μπορεί να μην είμαι ούτε αυστηρά αγόρι ούτε μόνο κορίτσι», σκέφτηκαν μέσα τους, «αλλά είμαι εγώ. Και αυτό είναι αρκετό».

And so, Alex embraced their uniqueness with pride, knowing that their true colors shone brightest when they were being authentically themselves.

Και έτσι, ο Άλεξ αγκάλιασε τη μοναδικότητά τους με περηφάνια, γνωρίζοντας ότι τα αληθινά τους χρώματα έλαμπαν περισσότερο όταν ήταν αυθεντικά οι ίδιοι.

The end.

Το τέλος.

Life Lesson:

Embrace your uniqueness and be true to yourself, even if others may not understand. You are beautiful just the way you are.

Μάθημα Ζωής:

Αγκαλιάστε τη μοναδικότητά σας και να είστε πιστοί στον εαυτό σας, ακόμα κι αν οι άλλοι μπορεί να μην το καταλαβαίνουν. Είσαι όμορφη όπως ακριβώς είσαι.

Non-binary kids, like anyone else, may have diverse preferences when it comes to how they like to dress. There's no single "right" way for non-binary individuals to dress, as gender expression is highly personal and can vary greatly from person to person. Some non-binary kids may prefer clothing that is traditionally associated with their assigned gender at birth, while others may gravitate towards clothing that blurs or challenges traditional gender norms.

Here are some common ways non-binary kids might choose to dress:

1. Gender-neutral clothing: Many non-binary individuals prefer clothing that is not specifically associated with either traditional gender category. This might include items like t-shirts, jeans, hoodies, sneakers, and other styles that are not inherently gendered.

2. Mix-and-match styles: Some non-binary kids may enjoy mixing elements of traditionally masculine and feminine clothing in their outfits. This could involve wearing clothing from both the men's and women's sections of stores, or combining traditionally masculine and feminine accessories.

3. Androgynous fashion: Androgynous fashion often features clothing styles that blur the lines between masculine and feminine aesthetics. This might include tailored suits, button-up shirts, blazers, skirts, dresses, androgynous hairstyles, and accessories that aren't strongly gendered.

4. Personal expression: Ultimately, non-binary kids may choose to dress in a way that reflects their unique personality, interests, and sense of style. They may experiment with different looks, colors, patterns, and accessories to express themselves authentically.

It's important to respect and support non-binary kids in their clothing choices, just as you would with any child. Creating an inclusive environment where they feel comfortable expressing themselves is key to fostering their confidence and well-being.

Τα μη δυαδικά παιδιά, όπως οποιοσδήποτε άλλος, μπορεί να έχουν διαφορετικές προτιμήσεις όσον αφορά το πώς τους αρέσει να ντύνονται. Δεν υπάρχει ενιαίος "σωστός" τρόπος για να ντύνονται τα μη δυαδικά άτομα, καθώς η έκφραση του φύλου είναι εξαιρετικά προσωπική και μπορεί να διαφέρει πολύ από άτομο σε άτομο. Ορισμένα μη δυαδικά παιδιά μπορεί να προτιμούν ρούχα που παραδοσιακά συνδέονται με το φύλο που τους έχει ανατεθεί κατά τη γέννηση, ενώ άλλα μπορεί να έλκονται προς ρούχα που θολώνουν ή αμφισβητούν τα παραδοσιακά πρότυπα φύλου.

Ακολουθούν μερικοί συνηθισμένοι τρόποι με τους οποίους τα μη δυαδικά παιδιά μπορούν να επιλέξουν να ντύνονται:

1. Ένδυση ουδέτερη ως προς το φύλο: Πολλά μη δυαδικά άτομα προτιμούν ρούχα που δεν συνδέονται συγκεκριμένα με καμία από τις παραδοσιακές κατηγορίες φύλου. Αυτό μπορεί να περιλαμβάνει αντικείμενα όπως μπλουζάκια, τζιν, κουκούλα, αθλητικά παπούτσια και άλλα στυλ που δεν είναι εγγενώς έμφυλα.

2. Μίξτε και ταιριάξτε στυλ: Μερικά μη δυαδικά παιδιά μπορεί να απολαμβάνουν να αναμειγνύουν στοιχεία παραδοσιακά αρσενικού και γυναικείου ρουχισμού στα ρούχα τους. Αυτό θα μπορούσε να περιλαμβάνει τη χρήση ρούχων από τα ανδρικά και γυναικεία τμήματα των καταστημάτων ή τον συνδυασμό παραδοσιακά ανδρικών και γυναικείων αξεσουάρ.

3. Ανδρόγυνη μόδα: Η ανδρόγυνη μόδα συχνά παρουσιάζει στυλ ρούχων που θολώνουν τα όρια μεταξύ της αρσενικής και της γυναικείας αισθητικής. Αυτό μπορεί να περιλαμβάνει προσαρμοσμένα κοστούμια, πουκάμισα με κουμπιά, μπλέιζερ, φούστες, φορέματα, ανδρόγυνα χτενίσματα και αξεσουάρ που δεν έχουν έντονα φύλα.

4. Προσωπική έκφραση: Τελικά, τα μη δυαδικά παιδιά μπορούν να επιλέξουν να ντύνονται με τρόπο που αντανακλά τη μοναδική τους προσωπικότητα, τα ενδιαφέροντα και την αίσθηση του στυλ τους. Μπορούν να πειραματιστούν με διαφορετικές εμφανίσεις, χρώματα, μοτίβα και αξεσουάρ για να εκφραστούν αυθεντικά.

Είναι σημαντικό να σέβεστε και να υποστηρίζετε τα μη δυαδικά παιδιά στις ενδυματολογικές τους επιλογές, όπως θα κάνατε με κάθε παιδί. Η δημιουργία ενός περιβάλλοντος χωρίς αποκλεισμούς όπου αισθάνονται άνετα να εκφράζονται είναι το κλειδί για την ενίσχυση της αυτοπεποίθησης και της ευημερίας τους.

Hey there, colorful kids! Have you ever wondered how to pick the perfect colors for your outfit? It's easy! Just think about how you're feeling and what outfit you want to wear. If you're feeling as bright as a sunny day, maybe choose clothes in vibrant yellows and oranges. Or if you're feeling calm and peaceful, soft blues and greens might be just the right colors for you. Let your outfit be your canvas and your feelings be your guide as you paint the world with your unique style and personality!

Γεια σας, πολύχρωμα παιδιά! Έχετε αναρωτηθεί ποτέ πώς να επιλέξετε τα τέλεια χρώματα για το ντύσιμό σας; Είναι εύκολο! Απλώς σκεφτείτε πώς νιώθετε και τι ρούχα θέλετε να φορέσετε. Εάν αισθάνεστε τόσο φωτεινά όσο μια ηλιόλουστη μέρα, επιλέξτε ρούχα σε ζωηρά κίτρινα και πορτοκαλί χρώματα. Ή αν αισθάνεστε ήρεμοι και γαλήνιοι, τα απαλά μπλε και πράσινα χρώματα μπορεί να είναι τα σωστά χρώματα για εσάς. Αφήστε το ντύσιμό σας να είναι ο καμβάς σας και τα συναισθήματά σας να είναι ο οδηγός σας καθώς ζωγραφίζετε τον κόσμο με το μοναδικό σας στυλ και προσωπικότητα!

Explore these pages to discover your unique style.

Εξερευνήστε αυτές τις σελίδες για να ανακαλύψετε το μοναδικό σας στυλ.

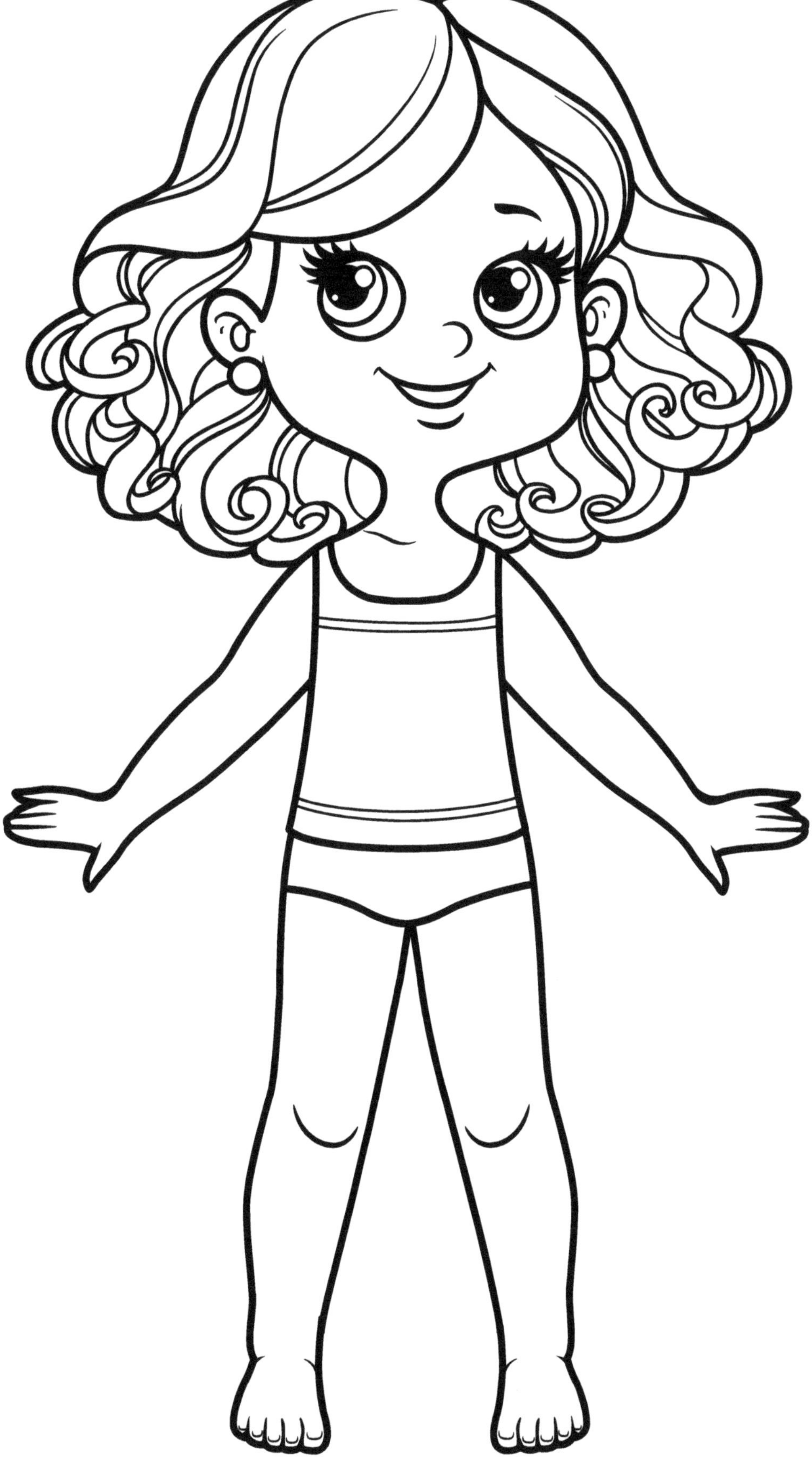

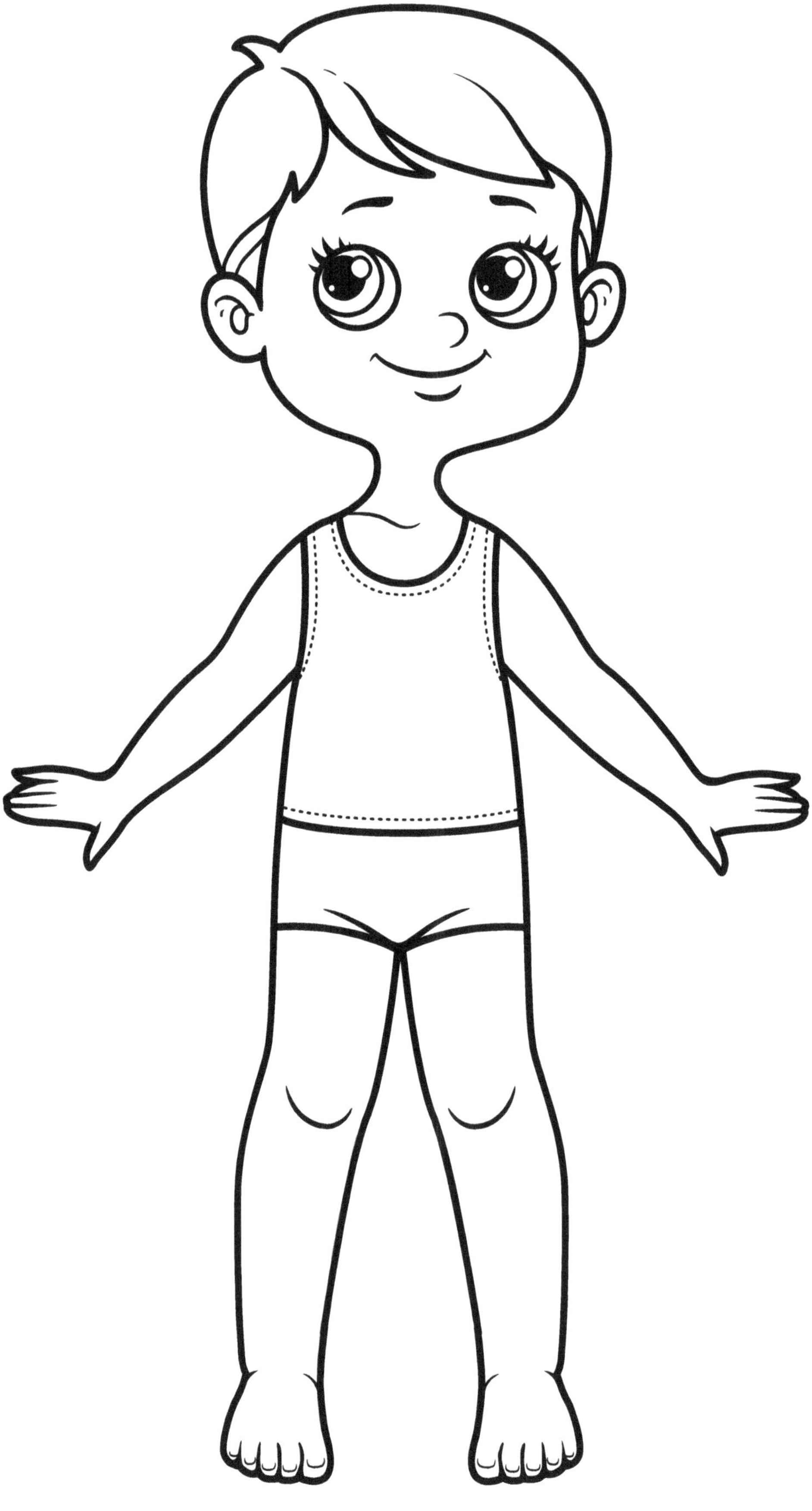

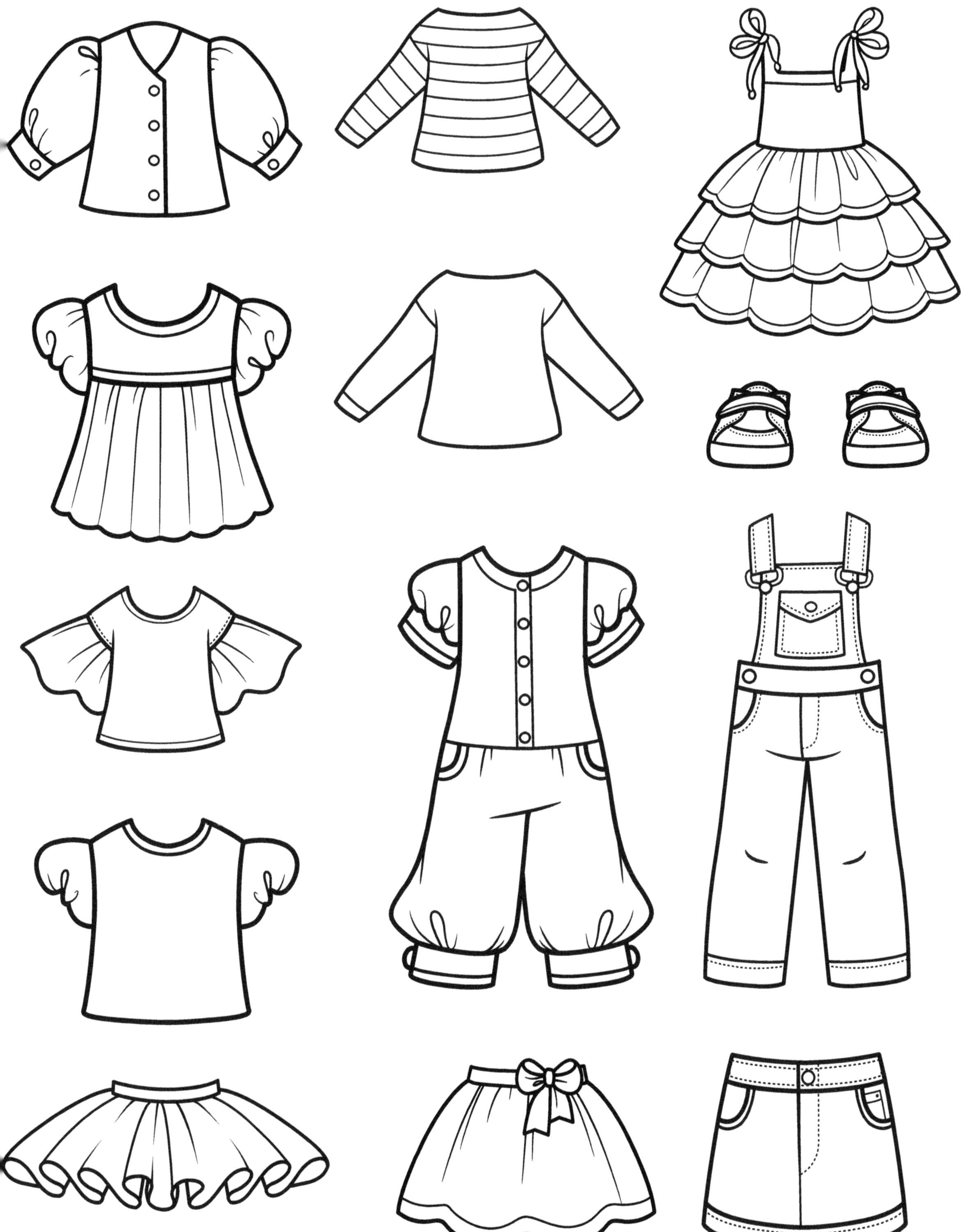

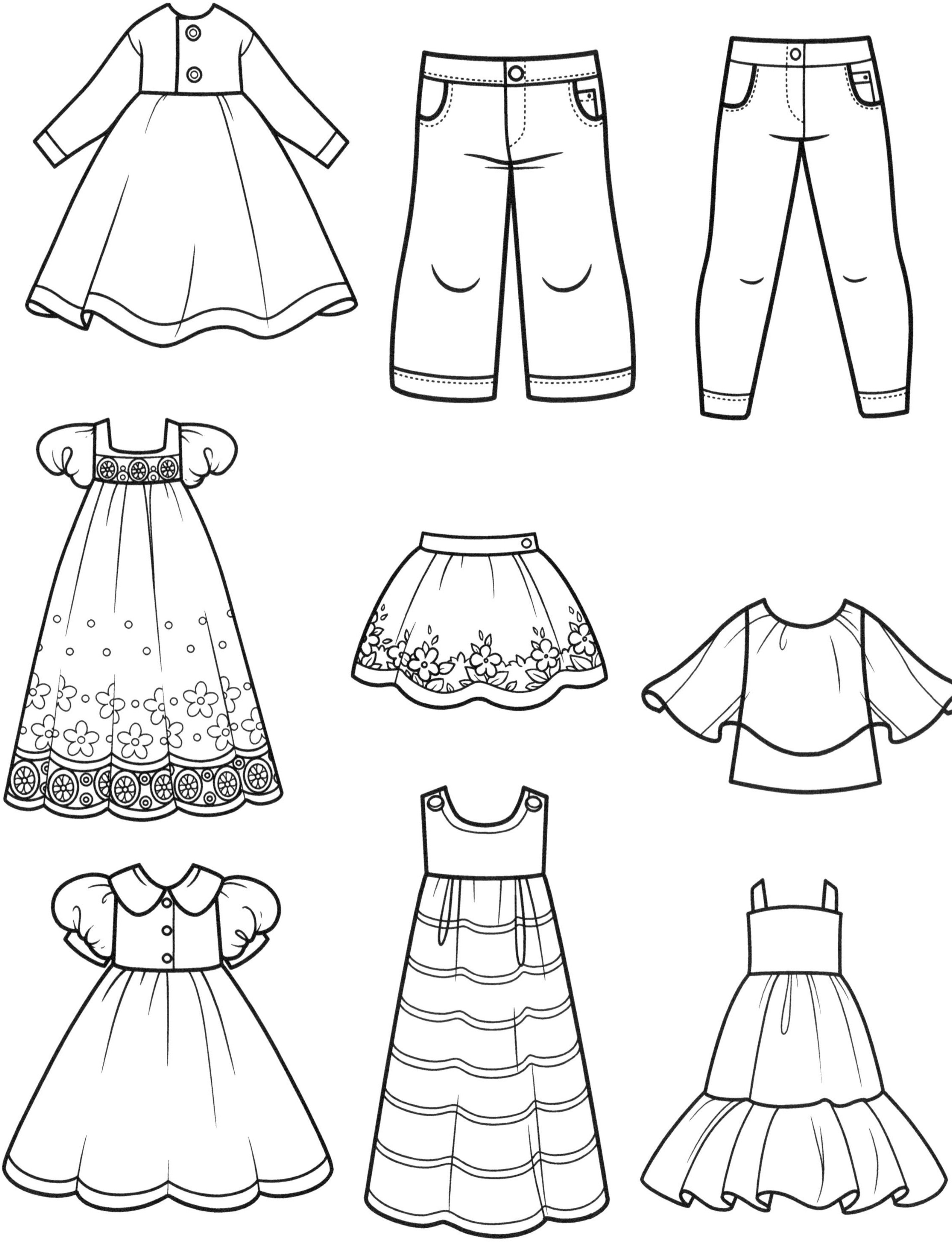

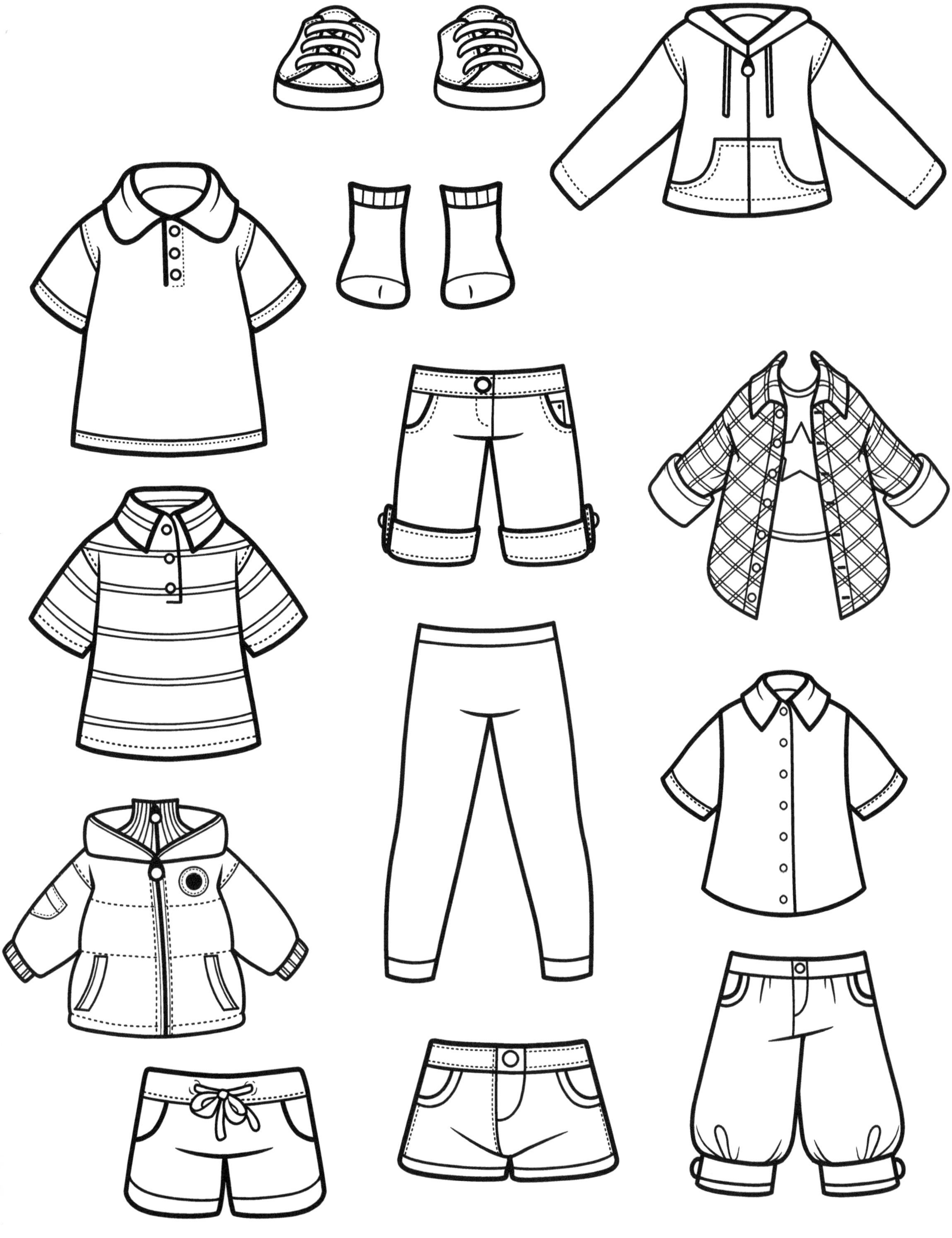

My Many Colors:
A Story of Being Non-Binary

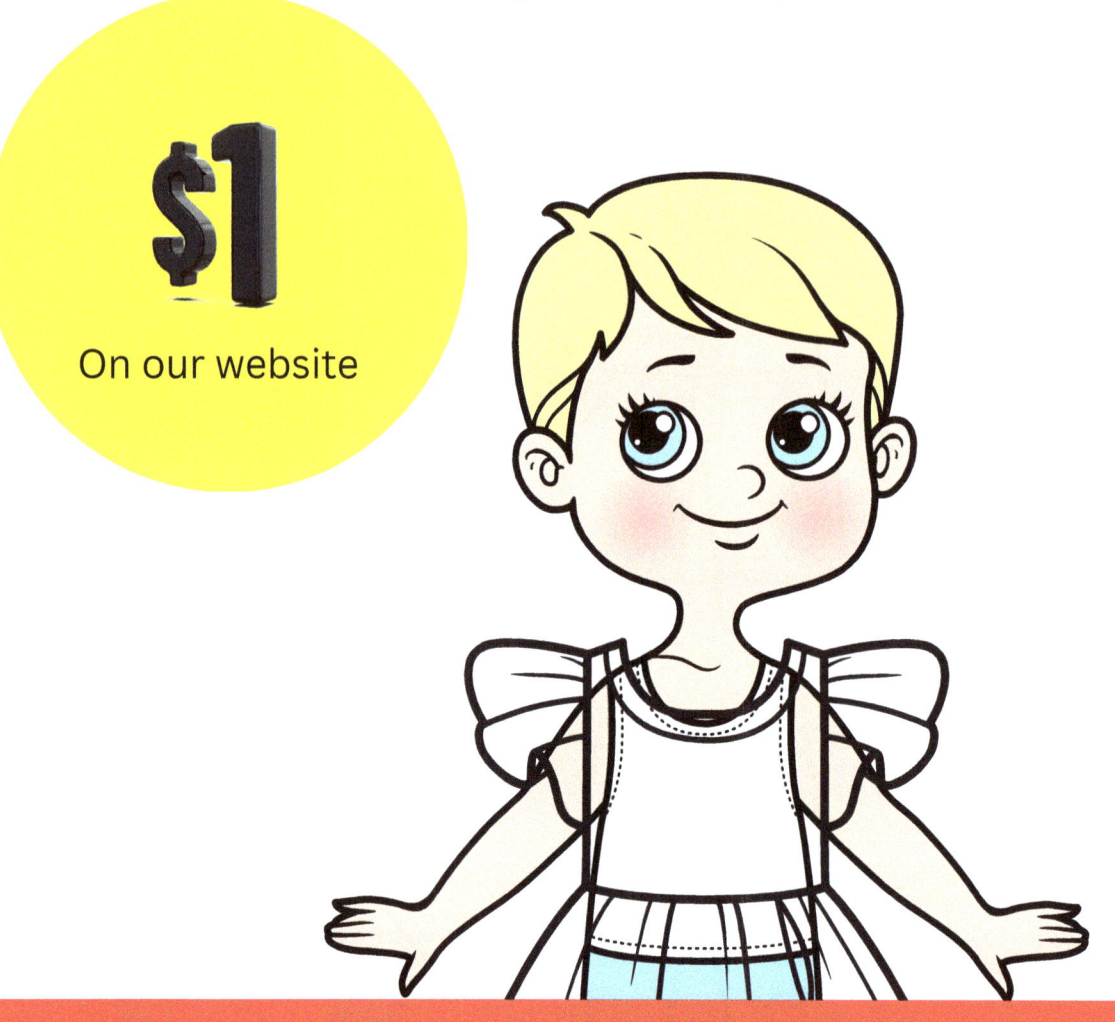

$1 On our website

Activity Guide
DOWNLOAD

My Non-Binary Coloring Book

$10

on our website

Marcy Schaaf

Join Our Book of the Month Club!

Looking for the perfect gift that keeps on giving? Join our Book of the Month Club! For just $25 a month, or $250 if you purchase a year upfront, you or your loved ones will receive a handpicked children's book every month, straight to your doorstep.

Here's how it works:
Choose from 15 different languages to receive bilingual books that make learning fun.
Enjoy monthly shipments of our exclusive books that inspire, teach, and entertain children of all ages.
Each month's book is carefully selected to provide a new adventure, valuable lesson, and a chance to explore cultures from around the world.
It's the perfect gift for birthdays, holidays, or just because!
Whether you're nurturing a young reader or encouraging language learning, our Book of the Month Club is designed to bring joy to every bookshelf.

Exclusive Bonus: As part of your membership, you'll also receive a monthly podcast about our featured book delivered straight to your email! Listen in for behind-the-scenes insights, fun facts, and tips for making storytime even more magical.

Sign up today at www.Booksbyschaaf.com and start enjoying the gift of reading all year long!

Εγγραφείτε στο Club του Βιβλίου του Μήνα!

Ψάχνετε για το τέλειο δώρο που συνεχίζει να προσφέρει; Εγγραφείτε στο Club του Βιβλίου του Μήνα! Με μόλις 25 $ το μήνα ή 250 $ εάν αγοράζετε ένα χρόνο εκ των προτέρων, εσείς ή τα αγαπημένα σας πρόσωπα θα λαμβάνετε ένα επιλεγμένο παιδικό βιβλίο κάθε μήνα, κατευθείαν στο κατώφλι σας.

Δείτε πώς λειτουργεί:
Επιλέξτε από 15 διαφορετικές γλώσσες για να λάβετε δίγλωσσα βιβλία που κάνουν τη μάθηση διασκεδαστική.
Απολαύστε μηνιαίες αποστολές των αποκλειστικών βιβλίων μας που εμπνέουν, διδάσκουν και διασκεδάζουν παιδιά όλων των ηλικιών.
Το βιβλίο κάθε μήνα επιλέγεται προσεκτικά για να προσφέρει μια νέα περιπέτεια, πολύτιμο μάθημα και μια ευκαιρία να εξερευνήσετε πολιτισμούς από όλο τον κόσμο.
Είναι το τέλειο δώρο για γενέθλια, γιορτές ή απλά γιατί! Είτε καλλιεργείτε έναν νεαρό αναγνώστη είτε ενθαρρύνετε την εκμάθηση ξένων γλωσσών, η Λέσχη Βιβλίου του Μήνα έχει σχεδιαστεί για να προσφέρει χαρά σε κάθε ράφι.

Αποκλειστικό μπόνους: Ως μέρος της συνδρομής σας, θα λαμβάνετε επίσης ένα μηνιαίο podcast σχετικά με το επιλεγμένο βιβλίο μας που παραδίδεται απευθείας στο email σας! Ακούστε πληροφορίες για τα παρασκήνια, διασκεδαστικά γεγονότα και συμβουλές για να κάνετε την ιστορία ακόμα πιο μαγική.

Εγγραφείτε σήμερα στο www.Booksbyschaaf.com και αρχίστε να απολαμβάνετε το δώρο της ανάγνωσης όλο το χρόνο!

Books By Schaaf

www.BookBySchaaf.com

Podcast series about our book on TikTok.

Activity Guide companion's for each storybook can be found on our website.

Find us at: